지난 세월이 한 나절 햇살보다 짧았다

이 도서의 국립중앙도서관 출판예정도서목록(CIP)은 서지정보유통지원시스템 홈페이지(http://seoji.nl.go.kr)와 국가자료종합목록 구축시스템(http://kolis-net.nl.go.kr)에서 이용하실 수 있습니다.
(CIP제어번호 : CIP2019042106)

지혜사랑 207

지난 세월이 한 나절 햇살보다 짧았다

박재학

지혜

시인의 말

나비의 날개짓이 아프고 서러웠다
어스름 저녁 노을이 지는 언덕 떡갈나무 위의
시간들이 낙하를 준비하고 있다
접혀진 거울을 펴놓고 닦는다
지워도 사라지지 않는 차디찬 시간
잠들기 전 혈관을 타고 흐르던 투명한 불안
결국 기억을 지우지 못하고 아침이 왔다
밤새 책장을 넘기고 있으나 읽지 않는다는 것을
눈치 채지 못할 것이다
햇살이 깎이고 깎여 벽에 꽂힌다
쇳소리를 내며 신음하는 꿈들
그 꿈들을 엮어 날개를 달아 세상에 보낸다
이제 소소한 몸짓을 접고 쉰다

2019년 가을
박재학

차례

2부

3부

4부

• 일러두기

한 연이 첫 번째 행에서 시작될 때는 > 로 표시합니다.

1부

소묘

잃었는데 또 잃을게 있을까
마르고 마른 이름이 머무는 비루한
지하 단칸방

새벽 다섯 시 알람이 울리면
망가진 어제는 잊어버리고
반복해서 찾아오는 아침을 시작하지

고장 난 선풍기 위 젖은 양말을 향해
부채를 부치며 흐르는 땀을 닦아내는
가늘고 여린 밤이 흐르는 지하 단칸방

아침에 가져갈 엑스캘리버는
구두도 신지 못하고
상처투성이로 수직으로 서 있고

멀리서 본다

막중한 임무를 수행하던 운동화가 아프다
엄지발가락을 밖으로 밀어낸다

굴곡진 길을 따라 나비 한 마리 걸어간다
바람에 날아온 낡은 풍경이 걸어간다

입을 벌리고 토해내는 붉은 목마름
늙은 시간이 괄약근을 조이며 굴러간다

블랙홀 속에서 숨을 참고 살다가
봇물 터지 듯 향기가 솟구친다

나는 발목을 잡아끄는 굴곡진 길을
득도한 사람처럼 걸어간다

길 끝에 운동화를 두고 멀리서 바라본다
끝내 재생 불가 진단을 내린다

발효와 부패

여름이 얇아지고 가을이 두꺼워지는 때
항아리에 감을 넣고 노래를 부르며
막걸리를 붓는다

산소가 부족한 곳에서 에너지를 얻어야 하는
무산소 호흡 생물들이 유기물 분해를 위하여
다른 유기물을 만들기 시작하고
효소작용에 의하여 쉴 새 없이 발효를 시킬 것이다

김치와 된장을 넣어 비빔밥을 먹고
포도주를 마시고 치즈를 먹으며
나는 세상의 발효를 생각한다

썩어버린 과일을 보고
세상의 부패를 생각한다
같은 곳에서 탄생하여 자라난 부패가 발효보다
더 많은 기득권을 가지는 이유를 생각한다

평가시스템

상자 속에 나는 없었다
이 벽을 부술 무기는 없었다
바닥부터 쌓아 올리는 무자비한 폭력
아래는 질식하기 시작하고
위쪽은 아침 공기처럼 생기가 넘쳤다
울음소리는 들리지 않지만
모서리에 부딪치며 휘청이는 분노
인간이 만들고 인간을 죽이는 모순
익숙해진 잣대로 가로, 세로, 높이를 재고
이마에 점수를 붙이고 죽어가는 순서를 정하고

오늘도 점수 따러 간다

회귀

바람에 짓눌린 거미줄의 촉수가 늘어나며
호흡이 거칠어지고 허공에 너울거린다

점멸하기 시작한 촉수들이 선명해지고
날카로운 바람이 허공을 베면서 나를 쓰다듬고 있었다

치유되지 않은 상처를 바람이 짓누르고 있다
뭉개진 바람이 불안하게 잠들어 악몽을 꾼다

나는 하품을 하며 이불을 덮고 생명에 대하여 생각한다
이제는 꿈을 향하여 직립보행을 하지 않는다

내 꿈들이
바람의 길을 따라 처음으로 돌아가고 있다

나비 날다

꽃이 떨어지는 것은 중요하지 않았다
장맛비에 떨어지는 능소화도 중요하지 않았다
바이러스 같은 악몽에 시달리는 열일곱 살
왜 꿈은 내 몸에서 떠나지 않았을까
내게 친절히 다가왔더라면 허우적거리며
먼지처럼 날아가지는 않았을 텐데
나비처럼 날아 저 삭막한 땅에
붉은 꽃 하나 피워 왔다 간다는 표시 남기고

하늘은 저리도 붉게 물드는데

안에 있으면 안전한가

배는 가라앉는데 안에 있으면 안전하다 했다
교실 밖에 나가지 말고 안에만 있으라 했다
시험 점수에 인생이 있다 하여 시험지 안에만 있었다

안에 있으면 안전하다 했는데
세월은 안에서
상처나고 어깃장 나 있었다

차디찬 물 속에 가라앉은 후에도
안에 있으면 안전하다 했는데
비도덕적이고 부패에 강한 사람들은
여전히 밖에 있다

용, 개천에서 죽다

이제 용들은 개천에서 자라지 않는다
돈으로 오염된 개천에서 용 나는 일은 없을 것이므로
승천하는 일도 없을 것이다
용이 살도록 개천을 놔두지 않았으므로
개천도 없고 용도 없다
용은 태아에서 만들어져 돈으로 자란다
온전히 살아가려면 용이 되려고 객기 부리지 말고
일개미가 되어야 하루를 부지할 수 있다

폭우가 쏟아지는데
갯벌에 남루한 물의 뼈가 들러붙어 있다
부드러운 척 하며 출렁거리지만 곧 사라질 것이다
모진 바다로 흘러 승천의 욕망을 포기할 것이다

지난 봄 꾸던 꿈은 기억도 나지 않고
반복되는 실수로 길을 잃었다
용이 죽은 개천에 들어선 핑크여관 담에
소변을 갈기고
소변을 뒤집어 쓴 잡초를 깨끗이 닦는다

개천에서 용이 나는 유효기간은 지났다

용서하지 못할 아름다움

장전만 하고 쏘지 않은 총이 있다
책상 위에 위협과 경고를 쌓아 놓고

붉은 머리띠를 두른 사람들이
구호를 외치며 행진하고
거리에는 구겨진 종이가 구른다

여린 마음들이 같은 방향으로
전사가 되어 걸어간다
잊힌 이름들이 일제히 일어선다

위협과 경고 앞에서
우리는 살아갈 것이다
아침마다 넥타이를 매고 양복을 입고서

채찍을 들고 서 있는 자들의
아름답게 포장한 음모들
용서하지 못할 아름다움

감정적 분노

이상한 일이다
자다가 깨는 새벽에는
만남과 이별이 같은 기차를 타고 떠난다

믹스커피를 타서 비타민을 먹는다
내려앉던 육체가 살아나
다시 기차를 타고 떠난다

해가 떠오르고 있었다
불가촉천민 위 햇살이 속살로 파고든다 뱀처럼 스며드는 새벽의 칼날같은 시간이
기차를 타고 떠난다

세상 어디에도 없는 시간 속에서
탄식들이 도시를 향해 공격을 준비한다
핏빛으로 재개발 지구를 흐르는 하천에
떠나지 못한 자들이 앉아있다

우리가 생각하는 것은 '삶'이고
그들이 생각하는 것은 '비용'이다

밥을 위하여

삼백 원짜리 라이터를 사서
담배를 피며 새벽 속으로 간다

화단의 붉은 다알리아처럼
오늘은 활짝 피어야 한다

꽃잎 떨어지는 신음을 들으며
인력사무소 처마 밑에 서 있다

삼백 원짜리 라이터를 꺼내
담배를 피며 한낮 속으로 간다

한 모금 남은 미래도
온전히 내 몫이 아닌 것이 분명하다

밥을 위한 수고로움이
손 흔들지 않고 지나가고 있다

길

가볍게 흔들리는 바람이 내 몸 위로 지나간다
짝짓기를 끝낸 개구리가 절정을 음미하며 쉬고 있다
살아있는 것들은 부드러운 바람 속에서 속살을 비비고
죽은 것들은 발치에 자리를 잡고 잔해가 되어 몰려다닌다
내 몸을 스치거나 때리며 지나는 강물에 투신한 낮달이
무너지고 있다 새싹들이 할퀴어 상처투성이가 된 내 몸을
노란 우산 펼쳐 보호할 수 있을까 펼치지 않고 접어 두어도
몸 사이를 헤집는 지렁이를 보호할 수 있을까 얼굴 없는
내 몸이 찢어져 부서진 몸, 끝내 길게 누운 위로 덮치는
검은 열기가 식으면 꽃이 필 수 있을까 한적한 곳에 사는
친구들은 초록만 보며 살아갈 수 있을까 물이끼 자라는
내 몸에 종일 물벌레가 울던 젊은 시간, 그때는 언덕배기에
까치가 먹다 남긴 감을 달고 감나무 서 있었지 그대가 나를
만나기 전 아주 옛날에

날아다니는 것들의 오만함

날개는 재앙이다
날아다니는 것들은 아주 가끔
날아야 하는 의무감의 무게를 이기지 못하고
진흙에 주둥이를 박고 발톱을 세워 깃털을 문지른다

날아오르는 일은 권력이다
하여 결코 포기하지 않고 날려고 기를 쓴다
네 발 짐승들이 날지 못한다는 것을 알아차린 후
날아다니는 것들은
진흙 속에 주둥이를 박고 음흉하게 웃으며
깃털을 문지른다

깃털에서 나온 웃음이 떠도는 하늘
웃음이 떨어지며 뿌리는 핏방울
날지 못하고 땅에 사는 짐승들이 피하고자 하는
나는 것들의 더러운 오르가즘

말해주지 않는 기억들

그렇게 앉아서 기다리다 보면
희미한 기억도 돌아오겠지
"우와기 하나 사야겠다"*
"입성 꼬락서니가 그게 뭐냐"**
뒤척이는 등 뒤로 들리는 소리는
꿈인지 창백한 기억인지

하나씩 꺼져가는 기억 위로
씀바귀꽃 한 잎씩 쌓이고
어느 날, 생각이 나는 가장 먼 곳에 있는 날들
손 위에 놓고 보니
아, 가장 빛나는 시절이었으나
마음은 한기가 들던 시간들이여

아무도 말해주지 않는 기억들이
자꾸 기억되는 것은
오지 않은 미래를 들추는 일

기억을 둥그렇게 뭉쳐 굴리며
꽃처럼 화사하게 꼭 한번 살고 싶어
새로산 우와기 입고

* 가끔 뵙던 할머니는 항상 말씀하셨다.
** 못마땅한 일이 있으면 아버지는 말씀하셨다.

담담하게, 때로는 은밀하게

용의주도하게 쌓아올린 벽이 폭죽처럼 터져 버렸다
세상 밖 부정과 어둠 광기들이 밀려 들어왔다

환상이 절망으로 변한 파편을 들고
현재의 비극적인 상황에 대하여
담담하게, 때로는 은밀하게 전환을 꿈꾼다

모호하고 완고한 세상을 차단하던 벽이 사라진 후
모호하고 완고한 사람이 되려는
처절한 노력의 과정들이 시작되었다
담담하게, 때로는 은밀하게

기이하고 기이한 이러한 변화는
양면성을 지닌 현실에 적응해 가는 것을 의미하지만
존재하기 위한 불가피한 선택이었다

다시 벽이 무너진다면
평등과 질서, 도덕적인 것들이
세상 밖으로 밀려 나가도록 벽을 쌓아야 한다
담담하게, 때로는 은밀하게

2부

석리마을에서

석리마을에 왔다
그곳에 가는 것은
옛 친구를 만나러 가는 것 같다
파란색 지붕들이 줄지어 서 있고
빠져 나오지 못한 세월이 머물러
유년의 추억이 마주 보는 곳
휘어진 길을 따라 몸이 휘어지는 곳

바다에서 건져 올린 가난이
태어나고 자라고 늙어간 집들과
늙은 부부가 앵두꽃을 바라보는 곳
길의 너비에 따라 그대와 가까워지고 멀어지고

아련한 기억 하나 피어나는 그대를
어디 쯤에서 만날 수 있을까

* 경북 영덕군 석리 어촌마을.

빈집

마당에 아라베스크 무늬 같은 발자국이 어지러운
나를 바라보고 서 있는 빈집
계절은 얼었다 녹았다를 반복하고
버티지 못하고 가라앉은 서까래 위의 먼지들
탁하고 흐린 날이 틈새로 들어와
천장과 기둥과 하늘을 기웃거리다가
덤불에 앉아 덮고 잘 달빛 기다리는
배 떠난 항구처럼 쓸쓸한 외양간의 고요
바람 불어 연분홍 꽃비는 내리는데
멀리 있어 오래된 시간들을 생각하면
지치고 힘들어 어찌 견디란 말인가

짝사랑

다리가 묶인 꽃게의 얌전함처럼
담장에 그려진 벽화의 화사함처럼

가게 앞 쇼윈도에 꿈을 들여다보는
가슴에 한 송이 꽃을 피운 소녀

남몰래 숨겨 놓은 상자
그 속에 숨은 지지 않는 꽃

신성한 영혼으로 감싼
목덜미에 무지개가 떠있는 소녀

운명이라 믿으며 툭툭 차보다가
무릎이 깨진 소년

사라지는 저녁

오랫동안 무심했던 화분에 물을 주면서
뿌리가 물을 먹고 줄기에 나누어 주는 소리를 듣는다

흙먼지 날리던 줄기마다 물소리가 들린다
텅 비었던 줄기는 물이 차올라 수족관이 된다

어떻게 뿌리는 중심을 잃지 않고 물살을 역류시켜
줄기 깊은 곳을 들여다 볼 수 있을까

수족관을 채우고 넘친 물이 떨어지는 소리가 들리고
나는 떨어지지 않으려고 지지대를 잡고 일어선다

온전한 나 자신으로 돌아온
줄기마다 수족관의 물이 넘실대는 저녁

처음 만난 날

여름을 견디느라 탈진한 살구나무가
초록과 갈색의 중간쯤이던가요?

그대가 연두색과 녹색의
중간일 때 만났던가요?

눈발도 얌전히 내려앉지 못하게
삭풍 부는 따뜻한 겨울이었던가요?

비밀스럽게 돋아나는 봄잎같은
그대 만났던 날이

오후의 고요

화분에 물을 주고 커피를 마시고
고요를 깊숙이 숨겨둔 후
바람의 길을 열어 주려고 창문을 연다

컵 위에 양파를 얹고 싹이 트는 것을 보려고
하루 내내 지켜보는 혁명 같은 일
그러나 바라던 혁명은 일어나지 않고
컵속의 물만 줄어드는 숨겨진 고요

가끔 낯선 곳을 경험한 불순한 바람이 불어왔지만
고요로 채색된 오후의 편안함
컵에 물을 부어주고 창문을 닫는다

바람에 뭉개진 들꽃이 굴러간다

가을

가을 끝에 걸린 저 놈의 홍시
상처 난 몸의 실핏줄이 보이고

한때 떠났던 단풍이 돌아오고
나무 사타구니를 헤집던 바람도 돌아오고
그리움처럼 남아있던 옛것들도 돌아오고
칠팔월 장마에 달아난 구름도 돌아오고
떠난 기억이 없는 것들
모두
돌아오고, 돌아오고, 돌아오고
홍시의 터진 실핏줄은 아물지 않고

봄비

봄이 부서져 가루로 흩날려 따갑게 몸을 찌르면
내 몸 어디에 물길이 있어 이다지 눈물이 나는가
밤이 아래로부터 어둠을 채우고
무거운 어둠에 눌려 허리가 아프다
아픈 생각을 헹구어 빨랫줄에 널면
떨어지는 물방울과 함께 땅으로 스미는 봄가루
고단한 몸을 달래며 한 순간에 무너지는 계절

당산나무에 걸린 가루들이 흩날려
땅으로 파고들어 새싹을 키우고
나는 가루를 한 움큼 집어 입에 넣고 씹는다
목이 마르다
내 몸 어디에 마른 웅덩이가 있어 이다지 목이 마른가
몸 속 웅덩이가 찰랑거리게 물을 마신다
젖은 채 홀연히 사라지는 봄가루

참꽃마리

그대를 가볍게 생각하지 않는다

사랑이라는 이름으로
무엇을 요구한 적이 없었던
그대를 원망하지 않는다

마음 속 사랑이 조금 쓸쓸하게 쌓여있다
나뭇잎들은 길 위로 떨어지지 않으려
미간을 찌푸리고 있다

마지막 대화를 나누고 돌아서는 모습이
햇살에 녹는 상고대처럼 반짝이며
사라져 버렸다

시간을 모아놓고
아득하다 아득하다 되풀이 한다

나이 들어 눈이 가물거리고
귀가 희미해진 덕분에
나무가 밤과 어울려 이야기 하는
소리가 들린다

>

봄 햇살이 난분분할 때
내 곁에 그대가 있을 것이다

허나
나는 항상 그대 속에 있으니
꽃인 그대를 보지 못한다

봄

하늘이 하루를 숨기는 시간
네가 사라진 별자리 속으로
나를 집어넣는다

바람이 심하게 불고
별똥별이 빗금을 치며 사라진다

찬란하였으나 드러나지 않았던
꽃을 피우는 부드러운 힘

너를 보내고 소슬한 방안에서
다시 오기를 기다리는 시간들

네가 있어 견딜 만 했다

겨울을 밀봉하다

저문 날 들판에 낮게 깔린 노래는
사람 사는 곳에서 흘러와 도랑 속으로 사라지네
저 따뜻한 불빛에 어른거리는 온기는
바람이 조금씩 가져가지만
두런거리는 소리는 가져가지 못하네

그해 겨울, 산이 반쯤 구름에 덮인 새벽
문을 열고 밀봉된 봄을 꺼내면서
누군가에게 연분홍 독백을 보내네
단추를 채우며 옷깃을 여미고
고마운 것들에 대하여 오래 생각하네

돌보지 않아 무성하게 자란 세월의 가지를 잘라내며
새와 구름과 물고기를 생각하고
타인과의 만남과 헤어짐을 생각하네
오늘 나는 봄을 꺼낸 자리에 겨울을 밀봉하네

이 비 그치면

이 비 그치면
낙엽도 겨울 속으로 들어가겠네
시간을 돌려주고

이 비 그치면
별이 지는 벌판으로 사랑이 떠나가겠네
울음 참으며

이 비 그치면
시나브로 겨울이 살이 찌겠네
기억도 나지 않는 가을을 밀어내고

이 비 그치면
나는 비로소 가슴을 개방하고
조금 남은 순수함을 꺼내
창 너머 세계를 뚫고 나갈
긴 겨울잠 채비를 하겠네

내 몸에 길이 있어 모든 것들이 지나가겠네
누추한 가을을 때리는 이 비 그치면

접도* 봄날

동백꽃이 지고 있었다
옆에서 진달래가 피고 있었다
봄이 어우러져 살고 있었다

밭이랑같이 첩첩한 바위가 파도를 막아
바다 소리는 들리지 않았다

내가 할 수만 있다면
어수선한 세상을 이곳에 가져와
적적하게 사는 것들
깊은 곳으로 스러져 가는 것들을
자맥질하는 바다에 던지리라

산처럼 쌓인 패총을 지나다가
포구 배 위에 누워
붉은 혈흔 같은 동백꽃처럼 지고 싶었다

수평선 너머 죽은 해류를
어찌 아름다움이라 할 수 있는가
일몰이 섬을 돌아 나가고 있다

* 전남 진도군에 있는 섬.

충청북도 어촌마을

비가 다녀간 후 공기는 단단해져 간다
바람은 아득한 곳에서
체위를 바꿔가며 여물어 간다

세상에 알려지지 않은 이야기들이
숲으로 사라져 버리고
배롱나무는 여전히 피를 토하며
침묵을 하고 있다

충청북도 어촌마을에도
꼿꼿한 시간을 느슨하게 만들고
햇살은 가루가 되어 내리는
신기루 같은 약속이 즐비하다

상처로 채워진 술판 같은 세상이
뜨겁거나 차가운 시절에도
꿈속에서는 늘 초록이다

마른 꽃

벽에 유배된 꽃이 거꾸로 매달려 있다
부활을 꿈꾸기에는 늦었고 기억은 파국을 선언했다
수분이 빠져 구겨지고 가벼운 몸을 끌어안는다
우리는 서로에게 존재를 확인하고 사랑한다
나는 그의 몸에 오래도록 입을 맞춘다
그리하여 존재를 잊는 것이 아니라
생명의 부재가 주는 존재를 기억한다
벽이 무덤이 되어 떠나지 못하는 네게서
존재를 확인하고 위안을 얻는다
세상의 모든 것들은 흙으로 돌아가나
우리는 벽에서 만나고 헤어진다
책상 옆 벽에 마른 꽃이 매달려 있다

새벽강

흘러가는 강물과 시간을 밀고 가는 새로운 강물과 시간
밀고 가는 강물과 시간을 다시 밀고 가는 강물과 시간

짓누르던 밤이 지나간 후 새벽 강에 흘러 넘쳐 부풀어 오르고
맨발의 사내가 눈을 가리고 기도하고 있었다

나는 지금 어디에 있는지 쑥부쟁이 만발한 저 길을 지나
한참 남은 길을 걸으며 호사를 누릴 수 있을지

햇살이 쏟아져 사라지는 것들의 이유를 묻지 않고
시간을 빛나게 하는 새벽강 그 강 언저리에 서면
가야할 길은 아득하고

3부

몸살

나는 어두운 터널 속을 가고 있다
증기기관차처럼 끓어오르는 열기를 내뿜으며
적막한 블랙홀로 들어간다
블랙홀 위에 드러누워 눈보라를 맞는다
어쩌면 나는 바다 속으로 가라앉고 있는지도 모른다
문득 바람이 눈부시게 불어온다
어둠 속에서도 투명한 비늘이 반짝인다
나는 용광로가 되어 끊임없이 더운 김을 내뿜는다
더운 김이 부딪치며 허공에 판화를 그린다
이슬이 되어 다시 기포처럼 부글거린다
쉬이 꺼지지 않는 용광로
용광로를 감싸 안아도 삼동처럼 한기가 드는 몸
나는 눈보라를 맞으며 열대야 속에 서 있다

탄생

지금은 흙인 채로 또는 불인 채로 꿈틀거리는 몸놀림으로
혁명을 꿈꾸고 있다. 내재된 언어의 탄생을 바라보는
치솟아 오르는 의지와 끝없는 저항과 역류하는 깊이를
알 수 없는 존재이다

야합하지 않는 끊임없는 사유와, 왜곡하지 않는 극한의
우뚝 서 있는 양심. 정의보다 더 정의롭게 양심보다
더 양심적인 언어의 절대적 탄생

나는 끊임없이 추구하는 소통을 생각한다
침묵하는 욕망보다 포용하는 실체를
언어가 전진하는 무차별적인 시간을
어둠의 내부에서 솟아오르는 일출을

따뜻함이 사라진 썩은 사회를 경험하지 못한
육체의 고통을, 가쁜 호흡 위로 쏟아지는
별들을 생각한다

지금은 침묵하고 있다. 언젠가 두렵고 두려운
길을 걷는 힘. 한 걸음 한 걸음 걷던 과거의 기억이
끈질기게 걸어온 길 위의 기록을 들여다 볼 수 있는
탄생

>

저항을 하며 거슬러 오르던 기억이 독재자처럼 내려다본다
하늘이 열리던 날을 기억하는 나는, 열리기 이전의 세상에서
끔틀거리는 몸놀림의 혁명을 생각한다
역류하는 시간을 되돌리며 천지를 울리는 북의 탄생을 생각한다
이는 죽기를 각오한 언어의 의지다

계절

처절하게 말고, 편안히 헤어지자
등에 내려앉은 바람이 무거워 걷기 힘들어도
옷자락에 배였던 흔적 칼같이 잘라내고
처절하게 말고, 편안히 헤어지자

구원처럼 서로에게 다가와
너는 떠나가고 나는 머무는 사이
세상은 여물어 가고
이제 떠나가고 싶어 말하자
떠나지 않으면 죽은 것과 같은 고요
발가벗은 사과나무가 옷을 입고
수다를 떠는 사이 소진되어 가는 힘이
열매로 커가고 나는 형상화된
존재로 다시 발가벗긴다
그도 죽었고
그도 죽었고
그도 죽었고
나도 죽는다
다시
그가 오고
그도 오고
그도 오고

나도 올 것이다
결국 우리는 떠나가고 다시 오고
처절하게 말고, 편안하게

꼰대의 길

한때는 청년이었던 사람들이
꼰대라 부르던 사람들이 가던 길을 간다
거칠고 숨가쁜 시간들이
잔잔한 시간으로 바뀌고

고뇌와 번민과 힘듦이
삶을 지탱할 돈으로 바뀌고
늙은 구멍가게 앞에서 망설이다
돌아서면 문득 눈물

아침에 집을 나서는 것
냉기 도는 계단에 앉아 한숨 쉬는 것
안주머니 사직서를 만지작거리는 것
맨몸이 삶의 도구인 꼰대의 길

진실을 말해도 잔소리가 되는 꼰대의 길

나무들의 수다

삶의 파도가 잠잠해질 때 돌아보면
그리운 것들은 나무와 같이 있다
그림자가 자라나는 오후의 숲으로
나무 잔등이에 쉬고 있는 고양이 머리 위로
수북하게 쏟아지는 햇볕에게
속내를 말하는 유쾌한 나무의 수다가
안부를 묻는 것 같다
비가 어깨를 치고 발등을 통통거리며
두드리는 날에는 마음을 털어 놓는
나무의 소리가 들린다

나무들의 수다가 달콤하다

휴식

주삿바늘을 뽑자
팔뚝에 생긴 파란 반점 위로
빨간 꽃이 피어난다

흘러넘치지 않고 꿈 꾸듯이
부풀어 오르는 꽃
기억을 털어내며 몸에서 떠나가는 빨간 꽃

옆의 병상에 누운 사람의
죽음을 유보시키는 산소호흡기가
가을비처럼 점점 사위어 가고

저쪽 침대에 나와 관계없는
주름 선이 곱고 예쁜 사람이 혼자서 누워 있다.
얼굴을 쓰다듬는 사람들의 흐느낌이 들려오는

떠도는 자에서 머무는 자로 돌아가는 밤

생각을 멈추다

어제로 돌아가기 싫은 오늘
천천히 시간이 가는 골목길을 걸어
익숙한 사람들이 어울리는 풍경을 본다

낮은 곳으로 흐르는 물줄기가 길을 만들고
내 옆구리를 찌르고 일상을 휘감아
빠르게 사라진다

머리의 무게로 생각을 멈추고
내일의 계획을 세우지 않고
가물가물한 과거 속으로 들어간다

골목에 어스름이 찾아오면
잦아드는 요란한 노래들
무거운 어둠이 멈춘 생각을 누르고 있다
과거에서 나오지 못하게

먹고 사는 일

무채색으로 제공된 삶과 죽음 사이는
먹고 사는 일
봄과 겨울 사이에 있는 것도
먹고 사는 일

황사가 뒤덮인 하늘이 그렇고
거미줄에 걸린 나비가 그렇고
대합실 구석 신문지 덮고 자는
노숙자의 멈춘 시간이 먹고 사는 일

늙어가는 집과 색 바랜 사진
무너지며 닫히는 달
어제를 밀어내고 다가서는 오늘
인생에 존재하는 모든 것들이

외부에 저항하고
무릎 꿇고 편안히 살고
맛있는 식사를 하고
풍경을 바라보고

대단한 일인 줄 알았는데
먹고 사는 일

남자로 살아가기

'한 걸음만 앞으로'

오줌이 변기 밖으로 튀지 않게 다가서야 한다
아니면 변기에 앉아야 한다
배설하는 것을 간섭하는 불온한 문장을
무감각하게 볼 수 있다면
일상을 불순한 남자로 살아갈 수 있다

'흘리지 말아야 할 것은 눈물만이 아니다'

오줌이 변기 밖으로 흐르지 않게 해야 한다
칼같이 정확하게 겨누어도
흘리지 않는 것은 어려운 일이다
이토록 위험한 배설은 행하지 않으면
비도덕적인 행위가 된다

변소에 갈 때마다 남자들은 비장하다

하루

몸
세상에서 쓰다가 흙으로 돌려주면 그만인 아침

아파트 옥상에서 낙하하여 지상으로 떨어진 소녀에게
전보를 친다
수직으로 비행하던 순간의 아침이 풀려던 매듭을 풀어 줬는지

햇살 한 줌 뿌리며 시들어 가는 오후가
악수 한번 나누고 사라지면
걸음마다 이미 고인이 된 세월이 떨어진다

경직된 밤이 꽈리꽃 속에서 새살이 돋고
사라진 오후 자리에 직립보행을 하며 잠시 멈칫한다

모닝콜을 기다리는 낮과 밤의 죽음

결국은 발효된 그리움이 사랑으로 피어나는

황혼무렵

이 세상 것들 중 유일하게 평생을 제 자리에서 버틸 수 있는
이쪽에서 저쪽으로 손을 잡고 서 있는 산들
샹그릴라의 지붕처럼 보이는데 사실은 쓸쓸하다
마당을 가로질러 바람은 장렬히 산화하고
나는 주머니에 손을 넣고 동전을 만지작거리며
현기증 나는 햇볕에 갇혀있다

내가 어렸을 때, 죽음이 아주 멀리 있을 때,
이마에 불이 번쩍 나고
순식간에 실 끝에 매달린 이를 지붕에 던지며
'까치야 까치야 헌 이 줄게 새 이 다오' 외치던 때
기억들은 고리로 연결되어 흔적으로 쌓여있다

바람은 마당을 가로질러 휘청거리고
가야 할 길 위로 현기증 나는 햇볕이 내려 쪼인다
화상주의 경고도 없이

경건한 휴일

배가 고파 김빠진 맥주를 마셨다
토요일 오전이었다

나는 드러누워 양말을 벗고
창틀을 파고드는 햇살을 보고 있었다
차오르는 하루
어디쯤에서 처연한 시간이
간결하고 맑아질 수 있을까
햇살을 손에 포개고 둥글게 말아
공깃돌로 만드는 일이나 하는
도대체 하는 일이라곤 시간을 보며
하루를 죽이는 것 뿐
애잔한 것들이 손짓하는 곳으로 귀를 열어
좌절한 꿈에게 다른 꿈들이 있다는 것을 전한다
마음이 노출되어 몸에 시린 상처가 오는 날이면
소화되지 않는 경건한 휴일이 생각날 것이다
떠나야 알 수 있는 그리움처럼

집-사람 담는 그릇

살아 있을 때 보고 싶은 사람이 있고
죽어서야 비로소 보고 싶은 사람이 있다

집-사람 담는 그릇

그 속에서 사시斜視로 세상을 바라보며
반듯하게 앉아 모난 무릎으로
불복종을 위하여 준비하는 무료한 밤

기억이 고스란히 시간 속에서
요란한 소리를 내며 굴러가고
침묵하는 벽의 어디쯤을 자꾸 건드리며
단절된 감정을 살리려는 햇살 닮은 빛깔

불가해한 감각이 존재하는
이쪽에서 저쪽으로 이어지는 거미줄 타고
그릇 속에서 흔들리는 아침
밤의 시체가 쌓여있는 지붕을 타고
공복처럼 헛헛한 시간들이
들숨 날숨을 번갈아 가며 기거한다

아아

내가 집이 될 수 있다면
살아 있을 때 보고 싶은 사람이 주는 외로움과
죽어서야 비로소 보고 싶은 사람이 주는 후회들을

집–사람 담는 그릇

실패한 혁명

세상은 내게 얻는 것만 가르쳤다
남보다 앞서 가는 것만 가르쳤다
나는 배운 대로 규칙을 무시하면서
오르려고 기를 썼다

저며지는 칼이 없다면 자르는 칼을 휘두르면 되지
안주할 곳 없는 시간이 생을 감싸고 있어도
혁명을 하려고 세상을 관찰했다
기형처럼 커가는 욕심이 영혼을 짓밟으며 달려들었다

혓바늘 돋은 입으로 헛헛한 공복을 채우는 법만 배웠다
얻어 보려고, 앞서 가려고 버티고 버틴 몸이
골다공증으로 부서져 내리는 것을 알았을 때에도
젠장, 혁명을 하려고 허기를 때웠다

과거, 현재

민낯을 드러낸 희망이
부정문 속에 자리하고 있는 것을 확인한다

오래된 체온이 물러가고
벽은 새로운 온기가 채워지고 있다

단물이 빠질 때까지
먹기만 한 시간이 허물어지고
나는 돈만 삼킨 자판기를 두드린다

행운을 바라며 다시 시작하는
불완전한 순간들을 지나며
살집 두꺼운 배만 키웠다

아침에 출근하는 취객같이 살았다

꿈을 발굴하다

오래된 일이긴 하지만
생각을 벗어나지 않는 거리에 있는 꿈들이
퇴색하지 않고 상자 속에 갇혀 있었다

시간과 의식이 질서 있게 살아가기 힘든 시기에
가장 수월한 것은 꿈을 죽이는 것이었다
나에게 밤은 깨기 힘들게 여전히 젊었고
꿈은 절망 속으로 안주해 버렸다

뒷덜미를 치고 숨어버리는 꿈을 찾아
상자를 등에 지고 발버둥치는
한심한 일을 되풀이 하였다
상자를 부수기에는 힘이 없었다

그래도 바람이 점점 상자를 부식시켰고
나는 꿈을 발굴하려고 노력했다
지금은 끝내 발굴하지 못한 꿈을 재워두고
의자에 앉아 점점 가벼워지는 꿈들을 바라보며
햇볕을 쬐고 있다

4부

어느 일생

물은 하늘에서 발원하여 긴 여행을 하다가
나무에 부딪치고 땅에 부딪치고 돌에 부딪치면서 흐르지
맨발로 걷는 물떼새도 부리를 씻을 물이 필요하지
강으로 걸어가는 갯버들도 목을 축일 물이 필요하지

높은데서 낮은데로 서로 개의치 않고 의지하며
물은 자갈에 얼굴을 문대며 흐르지
물도 더러는 모래에 팔다리가 할퀴어 뭉친 근육을
풀어줄 쉼터가 필요하지

아래에 모여 있다가 다시 더 낮은 바닥으로 내려가려면
편안히 앉아 쉬다가 갈 의자가 필요하지

지상의 여기저기를 흐르며 방황하다가
햇바늘 돋은 벼랑끝에 매달려 쉬다가
가야할 길 바라보며 언젠가는 또 떠날 준비를 해야지

떠날 수 없다고 우는 사람들에게
땅이나 나무의 공복을 채워주는
부드러운 마음, 조용한 소리를 주고 가야지

질기고도 질긴

뼈다귀 해장국을 먹는데 갑자기 목이 멘다
고기 한 점이 목젖 위에서, 가야하는지 머물러야 하는지
숨을 고르고 있다

나는 아직 망각의 숲을 벗어나지 못했고
보이는 세상은 점점 좁아진다

숨을 고르던 고기 한 점이 위장 속으로 들어갔다

몸 안의 물기가 빠져나가 홀쭉한 양 볼 안으로
뼈다귀를 들고 빨아들인 고기 한 점이 자양분이 되어
허기지는 일이 없기를
뜨끈한 국물 한 숟가락이 자양분이 되어
목마름이 없기를

눈을 감던 여름 날 새벽
여섯시부터 여덟시까지의 타들어가던 시간이
가슴 치는 기억으로 남아 있다

고기 빠진 뼈다귀 마디마디마다 질기고도 질긴
그리하여, 매번 의지로는 어찌 할 수 없는
아버지가 웃고 있다

빈 집에 어둠이 들어차다

그리운 것들이 길 위로 흘러 다닌다
저녁내내 밀리고 밀리다가
늦은 밤 부표처럼 흔들리며 땅바닥에 내려앉는다.
두꺼워져 가는 어둠이 야반도주하듯
내 몸을 관통해 빠르게 지나가고 있다.
내 몸을 통과한 그리운 것들 각혈을 한다
왜 나는 매번 몸이 아파야 깨닫는 것일까

호미날 닿는 곳마다 밭이 되었던 적이 있다.
그렇게 하고도 누울 자리는 만들지 못했던 적이 있다.
허기로 가득한 빈 집을 지키고 있는데도
아버지 사진으로 어둠이 밀려오고 있다
오늘도 나는 젯상 위에 어둠을 진설한다

예술의 전당

누워서 편안히 안식을 취하는 동안 면도가 끝나면
앞으로 머리를 숙여 머리를 감던 이발소 대신
꼿꼿하게 앉아 이발이 끝나면
목을 뒤로 젖히고 머리를 감는 미용실에 간다

나 보기가 역겨워 가신 김소월
최후의 만찬을 하는 레오나르도 다 빈치
이삭줍는 여인들의 밀레
삶이 그대를 속일지라도 참고 견디라는
푸쉬킨이 있었던 이발소 대신
한 달에 한번 실버미용실에 간다

여전히 마음자리 차지하고 있는
김소월과 레오나르도 다 빈치와
밀레와 푸쉬킨을 만날 수 있었던
한 달에 한번 마음을 치유해 주던
예술의 전당

침묵

몹시 추웠다
직장에 늦지 않기 위하여
급하게 차를 몰고 가다가
목욕가방 들고 버스를 기다리는
아버지를 보았다

그날 일은 언젠가 말씀 드리고
용서를 구하리라 했다
아차, 몇 번이나 기회를 잃어버리고
침묵하리라 마음먹었다

천지에 가득한 봄이 지나고
여름 무렵 세상을 버리셨다

침묵이 무거운 짐이 되었다

아침의 팔만대장경

가난은 누추하지만 부끄러운 것이 아니었다

멍울져 앉아있는 하늘을 가슴 속에서 다스리고
싸리꽃 향기를 감싸는 목탁소리
차가움 속에서 태어나는 축축한 고독

대합실 나무의자 위 담요 속 동공이
깊은 우물 속으로 가라앉고
추위 여미는 손가락 사이로 식어가는 체온이
바닥에 깔린 신문 속의 팔만대장경과 나란히 누웠다

가난은 누추하고 부끄러운 것이 되었다

힘든 삶들이 뼈를 녹여 새긴 경전의
울림이 담요 속을 깨우고
먹다 남은 빵 한 조각을 희망으로 바라보는 차가운 체온

한 조각 빵으로 800년전 아침이 스민다

그날 밤 느티나무 사건

위험하게 화상을 입은 느티나무는
입을 벌리고 있었지만 사실은 울고 있었지

그날도 매일 찾아오는 저녁이면 잠자리에 들어
별자리에 귀를 대고 작별 인사를 하고 있었지
사내 서넛이 장화를 신고 소주를 마시며
내 무릎에 앉아서 담배를 피우고 있었어
나는 목이 따가워 기침을 해댔지
술기운에 수다쟁이가 된 사내중 하나가 노래를 부르고
다른 사내가 낙엽을 내 무릎에 쌓더니 불을 붙였지
이상하게 나는 슬프지 않았어
노래 부르는 사내들이 불쌍해서 슬픔이 밀려왔어
폭력으로 내 몸은 반쯤 사라졌고 사내 하나가
개새끼처럼 다리 하나를 내 몸에 걸치고
오줌을 누기 시작했어
아마 그 밤 내 몸 타는 냄새가
온 동네에 퍼지는 것이 두려웠던 게지
그렇게 밤이 지나고 아침이 되자
사람들은 내 몸을 보고 혀를 차면서
흩어진 내장을 줍고 물로 배를 깨끗이 씻기고
슬픈 눈을 하면서 사라졌지
내 몸을 치유하기 위해 나는 온전히 서서

상처 아물기를 기다리며 아픔 때문에 입을 벌리고 있었지만
별자리에 인사하지 못하는 현실에 대하여 사실은 울고 있었지

산에서 밤을 만나다

저녁 바람이 나무를 흔들고 있었다
손바닥에 물집이 생겼고
밤이 머리 위로 떨어졌다
그윽한 어둠 속 무능한 사색

자정이 지나
새떼는 땅으로 내리고
나무는 하늘로 뻗어가고
나는 새와 나무와
아, 무엇과도 연결될 수 없는
마음이 절룩이는 불구의 혼

하늘에도 땅에도 속하지 못하고
어둠에 몸을 숨기고
마루금에서 무덤덤하게 아침을 기다리며
걸어온 길을 지우며 가는 길

등 뒤로 새벽이 달라붙는다

세월

아버지는 군인이셨다

연탄가스 가득한 구로동 벌집에 사는
공돌이 공순이들의 땀을 먹고 자란
자본주의가 성장을 할 때에도
덜 익은 보리를 먹으며 허기를 달랬다

녹록치 않은 삶은 꿈들만 가득하다
당연한 일도 당연하지 않은 세상을 살아 온
아버지의 세월이 곳곳에 박혀있다

하늘에 줄 하나 긋고 걸어놓은
잊고 살았던 절박한 순간들
가슴이 묵직하다

하늘 한 가운데 줄에 매달린 것은
세월이 아니라 아버지였다

불편한 행복

공간을 분리시켜 놓고 한쪽은 어둠 한쪽은 밝음을 배치시켰다
들숨 날숨을 쉬면 어둠과 밝음이 교차하고 밤과 낮이 분명해진다
숨소리 가득한 공간이 희석이 되어 가라앉는다
자전거 타이어에 바람을 넣던 아버지 목소리가 들린다
'어느 시러베아들 놈이 못을 박았네'
분리된 공간이 합쳐지고 유리창은 비가 들이치고
이불을 덮고 다시 행복에 빠진다
행복함을 불편하게 한 것은 어느 시러베아들 놈이었을까

이불 속으로 비가 들이치고 있다

은밀한 거래

그늘이 길게 자라 나를 덮어 버리고
그렇게 소진된 하루의 마지막이
통제 불능의 어둠 속으로 사라진다

청렴을 강조하는 사람들이
그것을 무기로 물질을 탐하고
다시 청렴을 강조해야 하는
모순의 세계는 왜 반복되는 것일까

어둠 속에서 바라보는
청렴을 다단계 판매하는 사람들
마지막 구매자는 조미료를 치며
인스턴트식품으로 만들어야 하는

동쪽에서 서서히 동이 터오고
햇살은 마루 금을 넘을 것이다
청렴을 펼쳐 놓은 난전을
봉합도 하기 전에

여전히 봄

빛이 숨을 닫고 짧은 인연을 바라보는
보름달 그늘에서
가벼운 바람으로 날아가는 이여
순간과 순간이 흔들리며 이어지는 시간마다
꿈꾸는 이여

달빛 속으로 숨어드는 봄의 죽음
옛집 처마 끝으로 떨어지는
포개지고 포개지는 봄의 시체

고개를 드니 삭정이 끝으로
작년 여름에 햇볕에 혼절한
봉숭아가 피어있다

눈을 뜨니 여전히 봄

산골

시간과 공간이 합쳐진 둥지에 눈이 고봉으로 담겨진 것을 본 것이
올라갈 때인지 내려올 때인지 기억이 나지 않는다
다만 시간으로부터 유배당한 짓밟힌 자들의 쓰라린 후진처럼
세상에서 망명한 노파가 발우공양을 하는 봄 언저리 어디쯤일 게다
토끼와 발맞춰 사는 산골의 미미한 존재들의 유서가 펄럭인다
흙이 딱딱해지지 않게 맨발로 쟁기를 갈며
평생을 헤쳐온 쉼터는 낡아가고 시간은 점점 빨라질 것이다
살기는 혼자 살아도 퍼줘야 하는 자식은 여럿
자식은 도시가 데려가고 세월은 지아비를 데려갔다
관절염 도진 무릎을 두드리며
오래전 만화영화를 보며 황홀해 하던 아이가
뒤엉킨 구름을 보며 그날을 가둔다
앞마당에서 맑은 눈으로 세월을 바라보는 노곤한 영혼

그 내막에 대하여

나이가 들면
세상을 향한 가능성은 적어지고
내 안에 있는 공간만 넓어진다
나이는 의지와 상관없이 딱딱해져 가고
지고 있는 보따리를 내려놓아도
어깨는 시리고 아프다

창호지에 번지는 물처럼
삶이 여유롭게 커지는 듯 했으나
이내 말라버려 흔적도 없다

굳어진 나이는
되돌아 올 수 없는 언덕을 넘었다

평화롭고 아름다운 것들은
그 내막을 알고 보면
가능성이 적어져서
바라는 것이 적은 이유이다

살다보면 사라지는 모든 것들의
그 내막에 대하여 생각한다
그리고, 조금 쓸쓸해 한다
사라지는 것들을 위하여

가을비를 맞다

낙엽 위로 내리는 가을비는 차다
여름 내내 지쳐있던 것들이
내리는 차가움에 정신을 차리고
제자리로 원점회귀를 한다
아물지 않았던 생채기도
딱지가 엉겨 가을비를 맞고 있다
혼자 걸을 수 없었던 생명도
찬기운에 마침내 혼자 걸을 수 있다
장엄하던 여름이 물러간 자리에
아직도 남아있는 굵은 땀방울
푸르렀던 나무들이 시간을 타고 내려와
한 시절을 건너 관절염을 앓고 있다
한때는 단단했던 것들이 떠나고 있다
따가운 햇살, 칡넝쿨 휘감은 굴참나무
참 오랜만에 여름을 씻겨낸다

위대한 인생

왜소한 어깨가 거대한 산보다
위대해 보이는 노인에게
세월이 예의를 갖춘다

연둣빛 시간도 아주 오래전 일
사라진 것들에 대하여 노인은 묻지 않는다
그러기에는 너무 많이 사라졌다
고독한 존재로 살아가는 일에 익숙해졌고
청각과 시각은 무뎌졌다

논둑길 숨 가쁜 걸음 뒷덜미 잡던 산 밑에는
펜션이 우아하게 서 있고 발에 차이는 콜라병
스테이크가 장작처럼 보이고
어릴 적 참새구이가 먹고 싶었다
나일론 팬티를 벗고 삼베 잠방이가 입고 싶었다

열린 문틈으로 들어온 새벽과
완전범죄를 모의하고
연둣빛 세월을 찾으러
위대한 인생이 논둑길을 간다
쓸쓸함은 말하지 않고

어느 하루

하늘을 날던 봄이 햇살 한 줌 쥐고
관절염 도진 다리를 만지작거린다
우체통으로 부친 겨울은 아직 도착하지 않았을 것이다
어쩌면 수취인 불명으로 되돌아올지 모른다
다시 온다면 잠시 산길에 세워놓고 속눈썹으로 파고드는
봄꽃들과 친구삼아 나들이를 보내야겠다
세월이 갈수록 두꺼워지는 바람의 허리를 잡고
잠시 쉰다
그리고 다리를 펴고 검은 재를 날리며 날아가는 봄을 본
다
내 그림자와 나란히 앉아 내가 할 수 있는 일은
하늘에 금을 그으며 사라지는 바람을 보는 일이었다

오늘은 하루가 길다

해설

실패한 혁명의 아름다움

이형권 문학평론가 · 충남대 교수

실패한 혁명의 아름다움

이형권 문학평론가 · 충남대 교수

1.

러시아의 시인이자 혁명가 마야코프스키는 "모든 것은 죽어 없어지리라/ 모든 것이 무로 돌아가리라/ 생명을/ 주관하는 자는/ 암흑의 혹성 저 너머로/ 마지막 태양의/ 마지막 빛까지도 불사르리라."(「인간」 부분)라고 썼다. 그의 온 생애는 시와 혁명을 위해 바쳐졌고, 서른일곱의 나이에 스스로 목숨을 끊으면서 혁명의 어려움을 호소했다. 마야코프스키처럼 전격적인 것은 아닐지라도 시인은 크고 작은 혁명을 부단히 추구하는 사람이다. 시인은 먼저 언어의 혁명을 꿈꾸는 존재이다. 시인은 언어의 혁명을 통해 시의 새로움을 갱신하고자 부단히 노력한다. 언어의 혁명이 없이는 시의 혁명도 있을 수 없기에 시인은 언어의 혁명을 꿈꾸지 않을 수 없다. 시인은 새로운 언어 혹은 새로운 표현을 위해 언어의 사막을 방랑하는 존재이다. 시인은 또한 자기의 혁명을 꿈꾼다. 자기 자신의 생각과 느낌에 대한 혁명을 통해 새로운 삶을 모색하는 존재이다. 시인은 자기로부터의 혁명을 통해 비로소 타인의 혁명을 유도할 수가 있기 때문이다. 또 하나 시인은 현실의 혁명을 꿈꾼다. 시인이 바라는 사회의 혁명은 물론 정치인이 추구하는 것과는 다르다. 들뢰즈의 말을 빌리면 시인은 정치적 행동이 아니라 감각의 분할을 통해 혁명을 꿈꾸는 존재다. 시인은 이러한 언어, 자기, 현실의 혁명을 통해 시와 삶의 새로운 세계를 개척하는 것이다.

그러나 새로운 세계를 만들고자 하는 혁명은 쉽게 이루어지지 않는다. 혁명이란 지엽적이고 완만한 변화가 아니라 전체가 급격하게 갱신을 하는 일이기 때문이다. 김수영이 "혁명은 안 되고 방만 바꾸어버렸다"(「그 방을 생각하며」 부분)고 쓴 것은 그런 어려움을 호소한 것으로 유명하다. 이때 "혁명"은 1960년의 4·19혁명을 의미하고, "방"은 당시의 국민이 처한 상황을 상징한다. 이 시구는 당시 4·19 혁명으로 독재정권을 몰아낸 국민들은 기쁨이 진정한 혁명으로 나아가지 못하고 있는 현실에 대한 답답함을 토로한 것이다. 그 어려움에 대해서는 박재학 시인도 이렇게 노래한다.

세상은 내게 얻는 것만 가르쳤다
남보다 앞서 가는 것만 가르쳤다
나는 배운 대로 규칙을 무시하면서
오르려고 기를 썼다

저며지는 칼이 없다면 자르는 칼을 휘두르면 되지
안주할 곳 없는 시간이 생을 감싸고 있어도

혁명을 하려고 세상을 관찰했다
기형처럼 커가는 욕심이 영혼을 짓밟으며 달려들었다

혓바늘 돋은 입으로 헛헛한 공복을 채우는 법만 배웠다
얻어 보려고, 앞서 가려고 버티고 버틴 몸이
골다공증으로 부서져 내리는 것을 알았을 때에도
젠장, 혁명을 하려고 허기를 때웠다

—「실패한 혁명」 전문

이 시는 한때 세상의 부정과 부조리에 동참했던 "나" 자신의 삶을 반성적으로 성찰하는 것으로 시작한다. 첫 번째 연에서 속악한 "세상"의 법칙대로 "얻는 것"과 "앞서 가는 것만"을 위해 "규칙을 무시하면서" 살아온 자신의 삶을 고백하고 있다. "나"는 이러한 잘못된 삶의 태도를 전면적으로 극복하고자 "혁명"을 생각해보았지만 "기형처럼 커가는 욕심"이 방해를 하고 나서는 것이 현실임을 느낀다. 그러나 "나"의 "혁명"에 대한 의지는 그런 현실 앞에 굴복을 하지 않는다. "나"는 "얻어 보려고, 앞서 가려고 버티던 몸이/ 골다공증"의 시련을 겪으면서도 "혁명을 하려고 허기를 때웠다"고 한다. 시인은 이 시를 통해 타락한 "세상"에서 벗어나고자 하는 통로로서 자기로부터의 "혁명" 정신을 노래하고 있다. 비록 시인은 "혁명"을 성공하지 못했지만, 중요한 것은 "혁명" 정신을 끝까지 사수하고자 하는 의지가 분명하다는 점이다. 이 의지로 인해도 "혁명"의 가능성은 언제나 살아있는 것일 터, 이 시집의 시편들은 그러한 가능성에 대한 탐구의 서정적 기록이다. 이를 위해 시인은 삶의 상처를 응

시하고, 세상의 타락을 비판하고, 이상적 세계를 꿈꾼다.

2.

시집을 열면, "나비의 날개짓이 아프고 서러웠다"(「시인의 말」 부분)라는 문장이 맨 앞에 나타난다. 이어서 그동안 시를 쓰고 살아오면서 겪은 "차디찬 시간"과 "투병한 불안"을 회억하고, "쇳소리를 내며 신음하는 꿈들/ 그 꿈들을 엮어 날개를 달아 세상에 보낸다"는 선언이 앞을 가린다. 이 문장들에는 박재학 시인이 그동안 시를 써오면서 느낀 소회와 아쉬움이 명징하게 드러난다. 자신의 시가 "신음하는 꿈들"이라고 한 것은 부조리한 현실을 갱신하려는 시인의 의지와 그것을 방해하려는 것들과의 불협화음이 적지 않았음을 고백한 것이다. 시인의 꿈꾸기 혹은 시 쓰기를 방해하는 요소들은 가까이는 자기 자신의 나태함에서부터 가장으로서의 의무감, 일상에서의 비루함, 직장에서의 과도한 업무 등이 있을 것이다. 뿐만 아니라 아직도 건재한 우리 사회의 부정과 반칙, 불공정, 비정함, 고루함, 물신주의, 성공지상주의 등 이루 헤아릴 수 없이 많을 것이다. 시인의 시 쓰기는 이러한 환경 속에서 살아온 자신의 고단했던 삶을 성찰하고 비판하는 데서부터 시작한다.

> 막중한 임무를 수행하던 운동화가 아프다
> 엄지발가락을 밖으로 밀어낸다
>
> 굴곡진 길을 따라 나비 한 마리 걸어간다

바람에 날아온 낡은 풍경이 걸어간다

입을 벌리고 토해내는 붉은 목마름
늙은 시간이 괄약근을 조이며 굴러간다

블랙홀 속에서 숨을 참고 살다가
봇물 터지듯 향기가 솟구친다

나는 발목을 잡아끄는 굴곡진 길을
득도한 사람처럼 걸어간다

길 끝에 운동화를 두고 멀리서 바라본다
끝내 재생 불가 진단을 내린다

—「멀리서 본다」 전문

이 시의 "운동화"는 마치 하이데거의 예술론에 등장하는 신발의 상징을 닮았다. 즉 "닳아 빠져나온 신발도구의 안쪽 어두운 틈새에는 노동을 하는 발걸음의 힘겨움이 배어 있다"(「예술작품의 근원」에서)는 문장의 "신발도구"와 다르지 않다. 이 시의 낡은 "운동화"는 시인의 "굴곡진 길을 따라 나비 한 마리 걸어간다/ 바람에 날아온 낡은 풍경이 걸어간다"에 드러나듯이, 시인의 고달팠던 삶을 상징한다. 그러나 고달픈 삶이라고 하여 그것이 비루하고 수동적인 것이라고 말할 수는 없다. 인생의 모든 것들을 빨아들일 고달픔의 "블랙홀 속에서"도 "숨을 참고 살다가/ 봇불 터지듯 향기가 솟구친다"고 하지 않는가? 뿐만 아니라 "득도한 사람처럼 걸어간다"는 시구로 미루어 보건대, 시인은 고달픈 삶의 과정 속에서도 허투루 살아오지 않은 것임에 틀림없다. 이러한 삶의 과정을 함께 한 낡은 "운동화"를 "멀리서 바라본다"는 것은 그러한 삶의 과정을 관조하고 성찰한다는 의미로 읽힌다. 그것은 마치 "진실을 말해도 잔소리가 되는 꼰대의 길"(「꼰대의 길」 부분)을 가는 시인의 서러움과 맞닿아 있다. 이때 중요한 것은 고달픔이나 서러움이 아니라 "진실"한 삶을 살아가고자 하는 태도이다. 따라서 "굴곡진 길"을 걸어온 "낡은 운동화"는 진실한 삶을 살아온 시인의 삶의 여정과 그 내면 세계를 상징하는 것이다.

그렇다면 시인의 삶이 고달픈 이유는 무엇일까? 시인이 "내 몸을 치유하기 위해 나는 온전히 서서/ 상처 아물기를 기다리며 아픔 때문에 입을 벌리고 있었지만/ 별자리에 인사하지 못하는 현실에 대하여 사실은 울고 있었"(「그날 밤 느티나무 사건」 부분)다는 이유는 무엇인가? 이 시집의 시편들에 의하면 일차적으로 유년기의 가난이라든가 실존적 차원의 고독 등과 관련된 사적, 내면적인 차원 때문이다. 그러나 보다 많은 비중을 차지하는 것은 우리 사회가 안고 있는 부정이나 부조리와 같은 공적인 차원이다.

> 여름이 얇아지고 가을이 두꺼워지는 때
> 항아리에 감을 넣고 노래를 부르며
> 막걸리를 붓는다
>
> 산소가 부족한 곳에서 에너지를 얻어야 하는
> 무산소 호흡 생물들이 유기물 분해를 위하여

다른 유기물을 만들기 시작하고
효소작용에 의하여 쉴 새 없이 발효를 시킬 것이다

김치와 된장을 넣어 비빔밥을 먹고
포도주를 마시고 치즈를 먹으며
나는 세상의 발효를 생각한다

썩어버린 과일을 보고
세상의 부패를 생각한다
같은 곳에서 탄생하여 자라난 부패가 발효보다
더 많은 기득권을 가지는 이유를 생각한다

—「발효와 부패」 전문

이 시는 "부패"한 세상에 대한 고발장이다. 시인은 고발의 효과를 높이기 위해 "부패"의 문제를 "발효"와 대비시킨다. 생화학적 차원에서 "부패"는 유기물들이 썩으면서 인간에게 해로운 것으로 변하는 일이고, "발효"는 유기물들이 분해되면서 인간에게 이로운 것으로 변하는 것이다. 같은 유기물일지라도 그것이 어떻게 변하느냐에 따라서 하나는 "부패"가 되고 다른 하나는 "발효"가 된다. 이 시에 등장하는 "막걸리", "김치와 된장", "포도주", "치즈" 등은 "발효"된 것들이다. 모두가 인간의 건강을 위해 도움이 되는 유익한 음식들이 아닐 수 없다. 그러나 "썩어버린 과일"은 "부패"하여 인간이 섭취해서는 안 되는 것이다. "부패"는 썩어서 악취를 풍기지만, "발효"는 효소 작용으로 인간에게 도움을 준다. 시인이 강조하고 싶은 것은 사실 그러한 유기물에서 벌어지는 문제가 아니라 인간 문제이다. 그래서 시인은 인간 사회에서 "부패가 발효보다/ 더 많은 기득권을 가지는 이유"에 대해 문제를 제기한다. 사실 인간 사회에서 정작 필요한 존재는 "발효"된 인간인데, 실제는 "부패"한 인간이 세상에서 더 많은 권력과 물질을 가지고 살아가고 있다. 시인은 이 점에 대해 비판하고 고발하고 있는 것이다.

다른 시에서도 부패한 사회에 대한 고발은 이어진다. 가령 "차디찬 물 속에 가라앉은 후에도/ 안에 있으면 안전하다 했는데/ 비도덕적이고 부패에 강한 사람들은/ 여전히 밖에 있다"(「안에 있으면 안전한가」 부분)에서는 세월호의 비극과 관련된 "부패"의 문제를 비판하고 있다. 사실 세월호는 인명 경시 풍조와 막무가내의 이윤만을 추구하는 우리 사회의 부패가 낳은 극단적인 비극의 사례이다. 부패의 더 심각한 모습은 "청렴을 강조하는 사람들이/ 그것을 무기로 물질을 탐하고/ 다시 청렴을 강조해야 하는/ 모순의 세계는 왜 반복되는 것일까// 어둠 속에서 바라보는/ 청렴을 다단계 판매하는 사람들"(「은밀한 거래」 부분)에 드러난다. 사실 "청렴"을 내세워 부패를 일삼는 자들은 일반적으로 부패한 사람들보다 더 부도덕하고 비인간적이다. 시인은 우리 사회에 "청렴"이라는 이름의 부패가 만연하고 있다는 사실에 대해 예리한 비판을 가한다.

오늘날 우리 사회에 만연한 천민자본주의의 가치관과 그로 인한 인간 소외 문제도 시인이 혁명을 꿈꾸는 이유 가운데 하나이다. '빈익빈/ 부익부'라는 말이 이제는 비판적 기능마저 상실한 채 너무도 자연스러운 사회에서 가난한 사람들의 생계를 위한 삶의 여정은 고달프기만 하다.

삼백 원짜리 라이터를 사서
담배를 피며 새벽 속으로 간다

화단의 붉은 다알리아처럼
오늘은 활짝 피어야 한다

꽃잎 떨어지는 신음을 들으며
인력사무소 처마 밑에 서 있다

삼백 원짜리 라이터를 꺼내
담배를 피며 한낮 속으로 간다

한 모금 남은 미래도
온전히 내 몫이 아닌 것이 분명하다

밥을 위한 수고로움이
손 흔들지 않고 지나가고 있다

—「밥을 위하여」 전문

이 시는 일용노동자의 하루 일과를 그리고 있다. 하루벌이로 살아가는 일용노동자는 "삼백 원짜리 라이터"로 불을 붙인 "담배를 피며 새벽 속으로 간다"고 한다. 그의 소망은 "붉은 다알리아처럼/ 오늘은 활짝 피어야 한다"는 것, 즉 부디 노동의 기회를 얻어서 일용할 양식을 구하는 것이다.

그러나 상황은 녹록치 않다. "꽃잎 떨어지는 신음"이 암시해 주듯이 그에게 노동의 기회는 주어지지 않았다. 그는 일자리를 구하지 못하고 다시 "삼백 원짜리 라이터를 꺼내/ 담배를 피며 한낮 속으로 가"고 있다. 그는 "한 모금 남은 미래도/ 온전히 내몫이 아닌 것이 분명하다"는 데에 절망감을 느끼고 있다. "밥을 위한 수고로움" 즉 노동의 기회가 찾아오지 않는 이 일용노동자의 모습은 우리 사회에서 노동자로 살아간다는 것이 얼마나 절망적이고 고달픈지를 알려준다. 이러한 노동자 문제와 비슷하게 도시 철거민의 문제도 우리 사회의 문제적 국면이다. 가령 도시철거민 문제를 다룬 "핏빛으로 재개발 지구를 흐르는 하천에/ 떠나지 못한 자들이 앉아있다// 우리가 생각하는 것은 '삶'이고/ 그들이 생각하는 것은 '비용'이다"(「감정적 분노」 부분)는 시구도 관심을 끈다. 이러한 사회적 모순은 성격이 조금 다를 뿐 일반적인 직장인들이라고 해서 벗어날 수 있는 것은 아니다. 즉 직장 생활은 "익숙해진 잣대로 가로, 세로, 높이를 재고/ 이마에 점수를 붙이고 죽어가는 순서를 정하고// 오늘도 점수 따러 가"(「평가 시스템」 부분)는 일이다. 번듯해 보이는 직장에서도 노동자들은 서로를 죽고 죽이는 무한경쟁의 "평가"라는 미명 하에 착취를 당하면서 살아갈 수밖에 없다.

가난과 소외와 착취 속에서 살아가는 노동자와 샐러리맨들, 이들의 삶이 더 문제적인 것은 그러한 삶이 개선될 여지가 없다는 사실이다. 가난의 대물림, 그것은 가진 자들의 독점 욕망과 관계 깊다. 즉 "날아오르는 일은 권력이다/ 하여 결코 포기하지 않고 날려고 기를 쓴다/ 네발짐승들이 날지 못한다는 것을 알아차린 후/ 날아다니는 것들은/ 진흙 속에 주둥이를 박고 음흉하게 웃으며/ 깃털을 문지른다"(「날아다니는 것들의 오만함」 부분)는 시구는 그러한 상황을 드러낸다. 우리 사회의 독점 "권력"과 독점 자본이 가난과 소외를 부추기는 것이다.

> 잃었는데 또 잃을게 있을까
> 마르고 마른 이름이 머무는 비루한
> 지하 단칸방
>
> 새벽 다섯 시 알람이 울리면
> 망가진 어제는 잊어버리고
> 반복해서 찾아오는 아침을 시작하지
>
> 고장 난 선풍기 위 젖은 양말을 향해
> 부채를 부치며 흐르는 땀을 닦아내는
> 가늘고 여린 밤이 흐르는 지하 단칸방
>
> 아침에 가져갈 엑스캘리버는
> 구두도 신지 못하고
> 상처투성이로 수직으로 서 있고
> —「소묘」 전문

이 시는 기득권 세력을 극복하고 성공할 수 있는 가능성이 원천 차단된 우리 사회에 대한 알레고리이다. 시의 주인공은 더운 여름날에도 "지하 단칸방"에서 "고장 난 선풍기"

로 인해 "흐르는 땀을 닦아내는" 생활을 하고 있다. 그에게는 늘 고달픈 삶을 시작하는 "아침"이 반복해서 찾아오지만, "엑스캘리버"는 "상처투성이로 수직으로 서 있"을 뿐이다. "엑스캘리버"는 원래 아서왕 전설에 나오는 명검으로서 '왕이 될 아이'의 상징이지만, 요즈음에는 스케이트보드나 시계 등의 상품 이름으로 쓰이기도 한다. 시의 문맥으로 볼 때 "엑스캘리버"는 스케이트보드를 지시하는 것으로 보이지만, 아서왕이 명검을 자신의 능력과 행운으로 획득하여 왕이 되는 신분상승의 상징으로 읽어도 무방하다. 즉 이 시에 등장하는 주인공이 그러하듯이, 우리 사회는 가난하고 불우한 처지에서 성공의 "엑스캘리버"를 뽑아드는 것이 거의 불가능하다. 결구에서 스케이트보드가 "상처투성이로 수직으로 서 있"는 상황은 벗어날 길 없는 가난 속에서 살아가는 시의 주인공의 처지를 암시해 준다. 다른 시에서도 우리 사회의 이러한 문제점을 "이제 용들은 개천에서 자라지 않는다/ 돈으로 오염된 개천에서 용 나는 일은 없을 것이므로/ 승천하는 일도 없을 것이다"(「용, 개천에서 죽다」 부분)라고 비판한다.

3.

고달픈 삶을 성찰하는 일, 부정한 사회를 비판하는 일은 시가 견지해야 하는 중요한 임무이다. 문제는 성찰과 비판 이후이다. 성찰과 비판이 진정한 가치를 획득하기 위해서는 앞날에 대한 희망 섞인 전망이 요구된다. 그러한 전망을 위해서는 이 글의 모두冒頭에서 보았듯이 혁명 정신이 필요하다. 시인은 혁명이 비록 현실적 상황으로 인하여 실패로 귀결될지라도, 아니 시인의 혁명은 이상적인, 너무도 이상적인 것이므로 언제나 실패를 동반하는 것일지라도 혁명적 시심에 대한 확신이 필요하다. 시인의 혁명은 실천적, 정치적 행동 이전의 정신적, 정서적, 언어적 차원의 것이다. 아래의 시를 보건대 박재학 시인은 그러한 혁명적 시심의 소유자임에 틀림없다.

지금은 흙인 채로 또는 불인 채로 꿈틀거리는 몸놀림으로
혁명을 꿈꾸고 있다. 내재된 언어의 탄생을 바라보는
치솟아 오르는 의지와 끝없는 저항과 역류하는 깊이를
알 수 없는 존재이다

야합하지 않는 끊임없는 사유와, 왜곡하지 않는 극한의
우뚝 서 있는 양심. 정의보다 더 정의롭게 양심보다
더 양심적인 언어의 절대적 탄생

나는 끊임없이 추구하는 소통을 생각한다
침묵하는 욕망보다 포용하는 실체를
언어가 전진하는 무차별적인 시간을
어둠의 내부에서 솟아오르는 일출을

…(중략)…

저항을 하며 거슬러 오르던 기억이 독재자처럼 내려다
본다

하늘이 열리던 날을 기억하는 나는, 열리기 이전의 세
상에서
끔틀거리는 몸놀림의 혁명을 생각한다
역류하는 시간을 되돌리며 천지를 울리는 북의 탄생을
생각한다
이는 죽기를 각오한 언어의 의지다
—「탄생」 전문

이 시에서 노래하는 "탄생"은 언어의 혁명과 관계 깊다. 시인은 첫 연에서부터 "내재된 언어의 탄생"을 위해 "혁명을 꿈꾸고 있다"고 선언한다. 시인이 꿈꾸는 "내재된 언어"는 두 번째 연에서 말하는 "야합하지 않는 끊임없는 사유와, 왜곡하지 않는 극한의/ 우뚝 서 있는 양심. 정의보다 더 정의롭게 양심보다 더 양심적인 언어"와 상통한다. 그리고 시인은 그러한 "언어"의 "절대적 탄생"을 염원하고 있다. 이러한 "언어"는 "소통"과 "포용"과 "전진"의 표상이자 "어둠의 내부에서 솟아오르는 일출"과도 같은 것이다. 이러한 "언어"는 오늘날 삭막하고 비인간적인 "언어"가 남발하는 사회에서 "혁명"과도 같은 일이다. 물론 과거의 불통과 아집과 퇴행과 "어둠"의 관습에 얽매인 "기억의 독재자"가 그러한 "혁명"을 방해하기도 한다. 그러나 시인은 그런 상황 속에서도 "혁명을 생각한다"면서 혁명의 꿈이 "죽기를 각오한 언어의 의지"라는 점을 분명히 한다. "혁명"에 대한 절박한 마음을 드러낸 것이다. 이때 시인이 지향하는 언어의 "혁명"은 우리 사회의 "혁명"이자 시의 "혁명"이 아닐 수 없다.

혁명을 계절에 비유하면 봄이다. 이 시집에서 빈도 높게

등장하는 봄은 죽음의 계절인 겨울을 혁명적으로 변화시키는 생명의 계절로 묘사된다.

하늘이 하루를 숨기는 시간
네가 사라진 별자리 속으로
나를 집어넣는다

바람이 심하게 불고
별똥별이 빗금을 치며 사라진다

찬란하였으나 드러나지 않았던
꽃을 피우는 부드러운 힘

너를 보내고 소슬한 방안에서
다시 오기를 기다리는 시간들

네가 있어 견딜 만 했다
—「봄」 전문

이 시는 "봄"의 계절과 "너"라는 사람을 동일시하고 있다. 물론 "너"가 "봄"을 의인화한 것으로 읽을 수도 있으나 그렇게 읽어도 둘 사이의 동일시는 똑같이 성립한다. 둘의 동일시는 "나"가 처한 시련의 현실을 벗어나기 위한 것이다. "하늘이 하루는 숨기는 시간"은 곧 밤의 시간일 터, "네가 사라진 별자리"는 그러한 시간을 벗어날 수 있는 희망의 빛이 공간이다. 그곳에 "나를 집어넣는다"는 것은

"너"가 존재하는 "별자리"의 세계와의 동일화를 지향하는 것이다. 그러나 "별자리"와의 동일화는 지난한 것이어서 "바람"의 시련이 앞을 가리고 "별똥별이 빗금을 치며 사라"질 뿐이다. 중요한 것은 그러한 시련에도 불구하고 "꽃을 피우는 부드러운 힘"의 시간이 "봄"을 기다린다는 사실이다. "나"는 "봄"이 "너"와의 새 생명과 같은 만남이 전격적으로 살아올 시간이라는 사실을 확신하고 있는 것이다. 이러한 봄을 향한 의지는 다른 시에서도 "오늘 나는 봄을 꺼낸 자리에 겨울을 밀봉하네"(「겨울을 밀봉하다」 부분), "수선한 세상을 이곳에 가져와/ 적적하게 사는 것들/ 깊은 곳으로 스러져 가는 것들을/ 자맥질하는 바다에 던지리라"(「접도 봄날」 부분) 등에서도 반복적으로 나타난다.

봄의 계절감과 함께 시인이 꿈꾸는 것은 마음의 혁명이다. 그것은 자신의 욕망을 버리고 타자를 배려하는 세계에 대한 열망과 다르지 않다. 그것은 상생의 원리가 살아있는 순수한 생명의 세계 혹은 자연의 세계라고 할 수 있다. 이러한 세계는 속악한 현실에 얽매여 사는 인간의 마음을 혁명적으로 변화시킬 만한 것이다.

오랫동안 무심했던 화분에 물을 주면서
뿌리가 물을 먹고 줄기에 나누어 주는 소리를 듣는다

흙먼지 날리던 줄기마다 물소리가 들린다
텅 비었던 줄기는 물이 차올라 수족관이 된다

어떻게 뿌리는 중심을 잃지 않고 물살을 역류시켜

줄기 깊은 곳을 들여다 볼 수 있을까

수족관을 채우고 넘친 물이 떨어지는 소리가 들리고
나는 떨어지지 않으려고 지지대를 잡고 일어선다

온전한 나 자신으로 돌아온
줄기마다 수족관의 물이 넘실대는 저녁
—「사라지는 저녁」 전문

삶의 파도가 잠잠해질 때 돌아보면
그리운 것들은 나무와 같이 있다
그림자가 자라나는 오후의 숲으로
나무 잔등이에 쉬고 있는 고양이 머리 위로
수북하게 쏟아지는 햇볕에게
속내를 말하는 유쾌한 나무의 수다가
안부를 묻는 것 같다
비가 어깨를 치고 발등을 통통거리며
두드리는 날에는 마음을 털어 놓는
나무의 소리가 들린다

나무들의 수다가 달콤하다
—「나무들의 수다」 전문

앞의 시에서 "물"은 생명의 에너지이고, "뿌리"는 그것을 "줄기에 나누어 주는" 역할을 한다. 이 시는 물론 이러한 생물학적 현상을 노래하고자 한 것은 아니다. 여기서 "뿌리"

는 선한 생명들이 가지고 있는 희생적이고 이타적인 속성을 표상한다. "뿌리"로 인해 "텅 비었던 줄기가 수족관이 된다"고 표현했듯이 "뿌리"는 건강한 생명의 세계를 지탱해주는 근원적 요소이다. 이때 "줄기" 속의 수맥을 "수족관"이라고 하는 비유는 약간 비약적이기는 하지만, "수족관"을 물고기의 입장을 고려하여 생명수라고 생각하면 독특하다고 할 수 있다. 어쨌든 중요한 것은 시의 주인공인 "나"가 그러한 "수족관"에서 "물이 떨어지는 소리"를 듣고 "떨어지지 않으려고 지지대를 잡고 일어선다"는 사실이다. 그리고 이때에 비로소 "온전히 나 자신으로 돌아온"다고 했으니, "뿌리"의 생명력은 "나"가 절망적 현실을 넘어서 본연의 생명력을 자각하는 매개 역할을 한다. "나"는 "뿌리"를 통해 이타적 생명의 의미를 깨달은 것이다.

뒤의 시에서도 현실에서 비루한 "삶의 파도가 잠잠해질 때" 화자는 생명의 본성을 깨닫는다. 그 본성은 앞의 시에서 깨달았던 이타적 생명들이 상생의 원리 속에 존재한다는 사실이다. "오후"라는 시간의 설정은 앞의 시에서 "저녁"이라는 시간의 설정과 유사하게 사색과 침잠을 하기에 잘 어울린다. 그 시간에 "햇빛"은 "숲"과 "고양이"를 비추고, "나무"는 "햇빛"에게 자신의 "속내를" 털어놓는 "수다"를 떨고 있다. 이러한 광경은 인간과 동물과 식물과 자연 현상이 하나로 어우러지는 대자연의 모습이다. 대자연의 구성원들은 하나의 거대한 시스템 속에서 상호관계를 맺으며 존재하는 것이다. 더구나 화자는 "나무들의 수다"를 들을 수 있는 것은 그 자신이 상생의 자연 원리를 삶의 원리로 체득했기 때문이다. 화자는 다른 사람들이 듣지 못하는 "나무들의 수다"뿐만 아니라 동물들의 마음, 우주의 기운을 읽어 내는 존재이다. 그는 분명 견자로서의 시인일 터, 시인 중에도 자연과 함께 진정으로 더불어 사는 사람일 것이다. 그의 삶은 도시의 속악한 욕망에서 전면적으로 벗어난다는 점에서 혁명적이다.

4.

이 시집에 의하면, 시를 쓰는 일은 혁명을 꿈꾸는 일과 다르지 않다. 박재학 시인은 혁명을 향한 꿈을 지속적으로 꾸어온 시인이다. 가령 "나는 꿈을 발굴하려고 노력했다/ 지금은 끝내 발굴하지 못한 꿈을 재워두고/ 의자에 앉아 점점 가벼워지는 꿈들을 바라보며/ 햇볕을 쬐고 있다"(「꿈을 발굴하다」 부분)고 고백한다. 그 꿈이 현실에서 실현되었는지 그렇지 않았는지는 중요하지 않다. 꿈의 진정한 의미는 부조리하고 부정한 현실 너머의 세상을 지향한다는 자체에서 찾아야 한다. 다시 말해 꿈의 진정한 가치는 그것의 일시적인 실현보다는 부단히 "꿈을 발굴"하는 마음의 자세가 중요하다. 꿈은 일단 현실에서 실현되는 순간 꿈으로서의 가치를 상실하기 때문에 그렇다. 따라서 진정한 꿈은 그 실현의 성패와 무관하게 현실의 결핍을 넘어서려는 의지의 영속성 그 자체로 가치가 있다. 이를테면 "왜 꿈은 내 몸에서 떠나지 않았을까/ 내게 친절히 다가왔더라면 허우적거리며/ 먼지처럼 날아가지는 않았을텐데/ 나비처럼 날아 저 삭막한 땅에 / 붉은 꽃 하나 피워 왔다 간다는 표시 남기고"(「나비 날다」 부분)에서처럼, "꿈"은 잠시 "붉은 꽃"을 피우고 "나비”처럼 “날아”갔을 지라도 “내 몸에서 떠나지 않”는 것이라는 사실이 중요하다. 비록 꿈이 실패로 끝날지라도 그 실패마저 감싸 안고 다시 꿈을 꾸는 일이 소중한 것이다.

그렇다. 시를 앞세운 시인의 혁명은 언제나 실패하기 마련이다. 시인은 언제나 현실적 혁명보다는 이상적 혁명을 꿈꾸는 존재이기 때문이다. 시인은 자신의 시가 기존의 시작품에 대한 혁명적 진보를 이루기를 소망하지만, 그것은 완전하게 성공할 수 없을 뿐더러 비록 성공한다 하더라도 일시적인 것이다. 시인은 또한 자기 자신과 속악한 현실에 대한 혁명적 변화를 꿈꾸지만 그것이 실현되기란 여간 어려운 것이 아니다. 이 시대는 혁명 혹은 혁명 정신이 죽은 시대이기 때문이다. 오늘날 기득권 세력이 갖고 있는 자본과 권력의 견고한 카르텔로 인해 혁명은 그 싹을 틔울 가능성마저 사라지고 말았다. 그러나 그럼에도 불구하고 변함없이 혁명을 소망하는 시인이 있다.

화분에 물을 주고 커피를 마시고
고요를 깊숙이 숨겨둔 후
바람의 길을 열어 주려고 창문을 연다

컵 위에 양파를 얹고 싹이 트는 것을 보려고
하루 내내 지켜보는 혁명 같은 일
그러나 바라던 혁명은 일어나지 않고
컵속의 물만 줄어드는 숨겨진 고요

가끔 낯선 곳을 경험한 불순한 바람이 불어왔지만

고요로 채색된 오후의 편안함
컵에 물을 부어주고 창문을 닫는다

바람에 뭉개진 들꽃이 굴러간다
—「오후의 고요」 전문

이 시의 핵심은 "컵 위에 양파를 얹고 싹이 트는 것을 보"고 싶은 소망이다. 이 소망을 위해 화자는 "바람의 길을 열어 주려고 창문을 연다"고 한다. 이는 환기를 충분히 시켜줌으로써 새싹이 트는 데 도움을 주기 위한 것이다. 화자는 아마도 이러한 일을 몇날 며칠을 열성적으로 실천했을 것이다. 이제나 저제나 "싹"이 틀까 노심초사하면서 어느 날은 "하루 내내 지켜보는 혁명 같은 일"을 실천하기도 했다. 문제는 아무리 기다려도 "양파"의 "싹"은 돋아날 기미를 보이지 않는다는 점이다. "바라던 혁명은 일어나지 않"고, "컵속의 물만 줄어드는" 일이 일어나고 있을 뿐이다. 그러나 정작 중요한 것은 "컵에 물을 부어주"는 행위를 하고 있다는 사실이다. 시인은 비록 "양파"의 "싹"을 틔우는 것과 같은 언어의 혁명, 자아의 혁명, 사회의 혁명을 이루지는 못했을지라도, 다시 그것을 위한 꿈을 결코 버리지 않는다는 사실이다. 이렇듯 실패한 혁명일지라도 다시 혁명을 꿈꾸는 일, 그것은 역설적으로 언제나 성공의 가능성에 다가가는 일이다. 새싹처럼 싱그러운 생명의 세계, 그 순수하고 아름다운 세계를 향한 부단한 소망은, 그 자체로 이미 우리의 타락하고 속악한 세상을 그러한 세계에 가까이 다가가도록 고무하고 추동한다. 이 얼마나 아름다운 일인가?

박재학

박재학 시인은 1999년 '펜넷'동인으로 작품 활동 시작했고, 시집으로는 『이제 그대가 그리워질 차례입니다』(열린시학 시인선, 2011년), 『길 때문에 사라지는 길처럼』(현대시 시인선, 2013년)이 있다. 국제펜클럽 대전지부 감사를 역임했고, 현재 어린왕자문학관 관장, 시대읽기 작가회장, 인터넷 신문 《학부모뉴스 24》 문화예술국장으로 활동하고 있다. 2019년 대전문화재단 창작기금을 받았다.
박재학 시인의 세 번째 시집인 『지난 세월이 한 나절 햇살보다 짧았다』는 '혁명의 시학'이며, 그는 언어의 혁명을 통해서 자기 자신을 변혁시키고, 우리 모두가 다같이 잘 살 수 있는 현실의 혁명을 꿈꾼다. 비록, 실패할 혁명일지라도 무한한 가능성으로서의 혁명을 꿈꾸고, 그 혁명에 대한 꿈을 서정적인 아름다움으로 노래한다.

이메일 : littleprince806@hanmail.net

박재학 시집

지난 세월이 한 나절 햇살보다 짧았다

발　　행 2019년 10월 31일
지 은 이 박재학
펴 낸 이 반송림
편집디자인 김지호
펴 낸 곳 도서출판 지혜
계간시전문지 애지
기획위원 반경환 이형권 황정산
주　　소 34624 대전광역시 동구 태전로 57, 2층 도서출판 지혜 (삼성동)
전　　화 042-625-1140
팩　　스 042-627-1140
전자우편 ejisarang@hanmail.net
애지카페 cafe.daum.net/ejiliterature

ISBN : 979-11-5728-371-2 03810
값 9,000원

* 이 사업은 대전광역시, (재)대전문화재단에서 사업비 일부를 지원받았습니다.